JN409389

당신은 내 생의 봄이었네

당신은 내 생의 봄이었네

신아출판사

책머리에

어쩌다 시가 좋아서
손에 닿지 않는 것과
손을 잡으려 함이
얼마나 서글픈 일인지를 알아 버리고
열정으로 피운 글이
아무것도 아닌 것에
때로 절망하고 고독했다
누군가의 가슴에
풀꽃의 잔잔한 내음이 실린
글의 향기를 피우는 일
오랜 시간
그 마르지 않는 갈망 하나를
이 책에 실어 놓는다

2015년 8월
공영주

차 례

제2부

제3부

제4부

제1부

깨달음 하나

해묵은 장독대 돌아보면
간장과 메주에도 봄이 들어
하얀 곰팡이 꽃이 핀다
발효로 태어나는
오래된 삶의 재생 능력을 보면
세상에 영원한 삶도 없다지만
또 영원한 죽음도 없다는 진리를
고향집 장독대서 안다
죽음이 새로운 생명에
귀속되어 긴 시간 발효를 거쳐
꽃으로 피어난다는 사실을

우리도 세상살이에 지치고
마음이 힘들어질 때
고향을 찾아가
이미 세상을 등지셨거나
세월에 청춘 잃은 부모님을 뵐 때
그분들 희생과 사랑이 내 삶의

원동력으로 작용하는 걸 보면
사랑 또한
세월 속에 소멸하는 게 아니라는 것
늙으신 몸에 배어 있는 곰팡내 나는 사랑이
향수로 발효되어
내 허기지고 갈증 난 영혼에
피어난다는 사실을

단풍

누가 알랴
저 가을 녘
붉은빛으로 타들어간 마음을

붉어서 슬픈 것이 저뿐인가
붉어서 아름다운 것이 저뿐인가
오직 한 사람에게 달려가는 마음이
길을 잃고 배회하다 막막한 시간 끝에서 얻은
상흔의 빛이 저렇다는 것을
오직 한 사람의 꽃이 되고자
헌신한 날들이 회한으로 돌아올 무렵
자족하는 마음에 오는 묵상의 빛이 저렇다는 것을
무엇으로도 지울 수 없는 그리움과
행복했던 날들의 아련한 아픔이
마지막 속울음을 삼키며 안녕을 고하는
처절하고 간절한 기원이 붉고 아프게 물들어가는
저 가을빛이라는 것을

그대 생각

그대에게 간다
초대하지 않은 그대에게 간다
말간 햇살 아래 저린 그리움으로
비에 젖은 마음으로 비틀거리며
하루에도 수없이
따스한 그대를 찾아가는 내 영혼
긴 하루를 방황하다
어느 가로등 불빛 아래
삶의 마침표를 찍는 하루살이처럼
내 그리움도 그대 생각으로 하루를 닫는다
어쩌면 이 생이 다하는 날까지
그대를 안고 살아야 할 내 숙명은
그리움이 넘치는 가슴으로
그리움이 밭은 가슴으로
그대를 찾아가고 있다
편안한 그대를 향하는
내 영혼의 휴식
가슴에 인화된 모습을 그리며 간다

꽃에 관한 또 다른 명상

그리운가요
그리웠던가요
시린 바람 속으로
다시 꽃은 피어 오고
가슴에 묻은 그 사람처럼 반가워
말없이 눈으로 안아 보았습니다
여리고 고운 모습으로
암울한 시간을 건너왔다는 사실이 대견해
지난 달력의 어둔 시간을 가늠해보다
내 생에도 꽃으로 왔던 사람
그 사람의 기억이 생생해지는 것을 보면
봄 꽃 속에 그 사람의
환영이 살아 있음을 깨닫습니다

온통 소유하고 싶은 사람이 있었지요
그의 어두운 생을 꺾어
내 화단에서 공들여 가꾸고 싶었던 사람
생의 고독한 시간을 돌아

단 한 번 만개한 사랑을 피우고
멀어진 꽃 같은 사람
누군가에게 소중한 존재가 되기 위해
오랜 시간 방황의 끝을 지나
기다림과 그리움의 결정체로 피어나는
꽃
저 꽃들
눈부신 뒷모습으로 떠나겠지요.
누군가의 생애
지지 않는 그리움을 점화시켜 놓고서

내 생의 바다

혼신의 힘을 다해 달려도
물거품으로 사라지던 희망들
흘러간 날들은 망각의 시간에 던졌지만
버리지 못한 미련으로 넘실거리는 바다
하얀 포말로 쪼개어 전하고 싶은
마음의 언어들마저 삼켜 버리는 그 시간 속에
허무의 가슴 달래며 부서지는 파도 소리
뒤돌아보면 부메랑처럼 돌아와 앉은 막막함이
소망의 돛단배를 침몰시키지만
아침이면
태양은 다시 수평선 끝에서
희망의 깃발을 달고
푸른 내 바다의 세찬 물살을 가르며 떠오른다

상생의 손

어둠이 여백 없이 채색된 바다
불을 밝힌 등대 곁에서
나를 향한 다정한 손짓을 보았네
저 바다의 협곡에서
그대는 언제부터 나를 부르고 있었는지
암흑의 바다를 대가 없이 지키는
너그러운 등대처럼
희비의 파고가 높던 생의 뒤안길
어두운 하늘의 별이 그대였음을
모른 채 걸어 온 삶의 여정은 고독했다네
긴 시간의 침묵을 열어
그대에게 손을 내밀었네
나의 왼손과 그대의 오른손에 담는 무언의 약속에
척박한 나의 육지와 그대의 거친 바다엔
찬란한 희망의 일출이 시작되고 있었네

– 포항 호미곶에서 –

동행

업둥이 같은 강아지가
집안 한구석을 제 구역으로 정하고 들어왔다
행복을 책임질 자신 없는 나에게
무한한 사랑을 요구하는 존재
자식 둘 키우는 동안 청춘은 소멸되었고
자유를 갈구하는 지금
저 생명은 내 귀한 시간 속으로 침투를 했는지
어두운 시간의 나락으로 추락되는 기분이었다

내 의지대로 좌우되는 운명
온통 기다림으로 도배되는 삶
외모 속엔 가려진 지독한 외로움
형형색색의 그리움을 침묵으로 일관하는
연민과 마력을 가진 까만 눈동자
우리는 어느 생에서
못다 한 인연이 있었거나
갚아야 할 빚이 있었거나
어떤 은혜를 입었던 거냐고

밤하늘 같은 눈을 보며 물어 본다

인연
그 오묘한 굴레에 갇힌
조화의 아름다움을 찾는 두 부류는
노을 피는 길을 걸어가고 있다

은행나무 잎이 질 때

바람이 소슬해질 무렵
누군가에게 바쁘게 글을 쓰기 시작한
은행나무는
얼마나 깊은 그리움과 긴 사연이 있기에
온 밤을 환하게 밝혀 놓고
저리도 많은 낙엽편지를 적고
어두운 추억마저
노란 그리움으로 채색하고 있었는지

바람은 성수기를 맞은 우체부처럼
수취인 없는 편지들을 쌓아 놓고 달아나는데
그대가 부재중인 쓸쓸한 거리
은행나무 아랠 지나다가
바람이 건네 준 그대의 엽서 한 장 받아와
책갈피 속에 그리움을 고이 묻어 둔다

가을 공원에서

국화 향기 따라 홀린 듯 걷습니다
수양버들 쪽빛 머릿결도
연꽃의 탐스런 웃음도
내 모습처럼 허무한 세월을 마시고
서걱이는 슬픔에 취해 우는
저문 가을입니다
그네는 외로운 바람을 태우고
하늘가를 쓸쓸히 서성입니다
잊었노라고
지웠노라고
강한 부정을 하던 그리움들이
저마다 이름표를 달고 일어나
낙엽 위에 추억의 파노라마를 그립니다
아! 아픈 그대 이름
못 견딜 서글픔이 물듭니다
연못가의 억새는 허허롭게 웃고
그대 영상은 여전히 낡은 벤치에 앉아
나를 기다리고 있습니다

다시 그 바다에서

잔혹한 세월 속에 별리 아닌 별리로
억겁 같은 시간을 보낸 어느 날
그 바다에 갔습니다.

없는 그대가 사는 밤하늘엔
허기진 추억들이 등대로 쏟아지고
언젠가의 그리움과 기다림이
등대 불빛 속에 무수히 피어납니다

어둠이 여백 없이 채워갈수록
등대는 점점 선명한 시력으로
사명감을 가진 병정처럼 바다를 지킵니다
온밤을 새워
어둠에서 배회하는 존재들을
지키는 등대처럼
섬광 같은 깨달음 하나 가슴에
뜨겁게 들어앉습니다.

생의 어느 바다에서 점등 되어
나를 지킨 내 마음의 등대인
그대!

매미의 세레나데를 들으며

계절의 귀로에서
그들의 노래를 듣습니다.
가슴 시린 선율 속에 담겨진
위태롭고 아슬한 삶의 이야기
세상엔 참으로 아프고 어두운 생명들이
얼마나 버거운 삶을 영위하는지
누가 저들의 생을 주관하는지
동정과 연민의 정을 느낍니다.
처절하고 서러운 삶과
절박하고 서글프기 그지없는 사랑에도
저토록 애절한 노래로 마음을 전하네요
그들의 바람과 애원이 하늘에 닿아
운명의 신에게 전해지길 기도하는 밤입니다

하기야 우리네 인생도
절박하지 않고 위태롭지 않은 것이 있었던가요
우리네 태초의 모습도 암흑에서 비롯되었고
삶의 과정 또한 기나긴 외줄타기 연속이었고

가을의 문턱에 선 나이에 내가 간직한 사랑도
내게로 올 땐 어둠이었지요
하지만
한밤에 듣는 매미의 노래처럼
막막하고 거칠기만 한 삶과
정체와 진실을 찾아 방황하는 사랑도
긴 시간 어둠의 터널을 벗어나면
이렇게 고운 노래로 승화될 것 같은 희망을
늦여름 밤
가슴 저린 저들의 세레나데에 실어 놓습니다

어느 가을날

— 태종대에서

계절을 수십 번 돌아온 어느 가을
아슴한 추억이 자라는 그곳을 찾았다
나처럼 나이테를 키운 나무와
그 자리의 낡은 벤치는
여전히 기다림을 안고 있었다
남해의 거센 파도처럼
가슴엔 추억의 파란이 인다
바람 부는 언덕 공중전화로
먼 시간의 곡선을 넘어올
그대의 목소리가 그립지만
저 단풍나무처럼
생의 가을까지 오는 동안
목숨 걸던 사랑에 대한 미련은
언제나 낙엽처럼 버리고 비웠다

바람 부는 언덕을 내려온다
비움의 미덕으로 결실을 맺는
가을이라는 생의 계절에서

마른 잎이 되어도
찬란하고 화려하게 떠나는 법을 아는 낙엽처럼
오래전
그대의 기나긴 연서 같은 낙엽을
쓸쓸하게 지르밟고
이제 다시 가슴에 불붙을 사랑 없는
생의 계절을 향해 걸어간다

사랑

내게 온다 그대가
심장의 문을 열고
감성의 문을 밀고
그대가 온다
먼 길을 돌아
내 생에 동승한 사람아
늑골에 사무친 고독이
세월의 간이역에서 하차하고
애틋한 민들레 한 송이 피우기 위해
감성의 들에 찾아 온 사랑아
지난날 회한으로 가득한 마음과
폐허 같은 추억에 아팠던
시린 시간의 보상 같은 그대여
이제 백지로 남을
허허로운 추억은 갖지 않으련다
그대 이름이
찬란한 시간 속에 걸리는 오늘

섬

바다의 포로로
단 한번도 자유롭지 못했을

바다보다
더 많은 눈물을 쏟아냈을

저 바다보다
너그러운 가슴을 가진

석양이 고운 꽃으로 피는
그 달관의 몸짓

섬
섬이 되고 싶다

아까시꽃 그 향기에

아까시 꽃향기 넘치는 거리를 걸으면
마음은 혼란에 빠진다
그대 생각만으로 가득해지는 영혼은
이유 없는 그리움을 하늘 가득 걸어 놓는다

어릴 적 동네 어귀 아까시 나무 숲은
하얀 성을 이룰 만큼 꽃이 피었었고
진한 향기는 얼마나 황홀했던지
그 모습에 마음을 뺏겼던 유년의 봄은
온통 눈부시고 가슴 설레는 나날이었다

세월 따라 나는 이렇게 먼 시간을 와 있는데
숲은 아직도 나를 기다리고 있을까
그리하여
오지 않는 사람을 기다리다 기다리다
깊은 그리움을 남풍에 실어 보내며
여전히 그 자리에 머물러 있다고 말하는 건가

어언 삼십 년이 넘은 세월 속에
수없이 계절은 다녀가고
무수히도 많은 꽃들이 머물다 갔으며
한마디 말도 없이 그저 고독한 독백처럼
허무의 춤사위로 떠나간
아마도 그리움을 주체할 수 없었던
유년의 첫사랑 같은 아까시꽃
마지막 봄꽃으로 나를 찾아와
이토록 설레고 황홀한 연서를 읽어 주는 건 아닌지

갈대와 억새

질곡의 세월 속에
어둠을 밝혀 줄 세상을 찾아
억겁 같은 시간을 기다렸네
불혹의 계절 그 강가에서
메마른 그리움으로 나를 반기는 그대
처연한 가을 언덕 우리 해후는 기쁜 서러움이네
세파의 달관을 거듭한 시간은
우리 만남이 결실이 되고
그리하여 우리는
고뇌와 고독에서 벗어나는 시간이네
찬란한 은빛 머리 휘날리며
청춘을 속절없이 보낸 아쉬움과
황홀한 기쁨을 나누는 가을 무대
따사론 햇살이 조명이 되고
바람과 어우러진 군무는 찬란한 피날레라네
그대와 나의 교감
이것만으로 충분하지 아니한가
자! 손을 잡아라
이젠 암울한 겨울도 춥지 않겠네

시비공원

그 임의 고뇌
그 생의 번민들이
나의 어둔 하늘에
등불로 밝혀진 날
흐리고 허기진 가슴에
맑은 하늘이 들어앉는다.
어느
고운 꽃이 이렇게
만인의 가슴에
향기롭게 피어나고
이토록 가슴 떨린
감동으로 안겨 올 수 있을까
그 임이
밝힌 등불 아래
어둠에서 배회하던
내 꿈 하나가
환한 미소로 웃고 있다

제2부

10월 어느 날

알고 있다 나는
낙하하는
꽃의 마음을 낙엽의 마음을

혼란과 고통의 계절 여름
그 시간을 함께 건너온 분신들과
이별을 거역할 수 없는 가을 앞에
가혹한 슬픔으로 붉어진 마음과
이슬 머금은 나팔꽃 같은 사랑이
마른 풀잎처럼 건조해질 때
허무한 가슴에 단풍이 들어
차라리 바스러지고 싶은
쓰린 사랑의 몸짓을

미련의 분자를 털어내며
떠나는 뒷모습에 따라가는
쓸쓸함
형용할 수 없는 쓸쓸함을

꽃이 지는 이유를

그리움이 넘쳐
체념이 되는 것을 나는 안다
지난겨울 암흑 같은 시간 속에
한 가지 생각만으로 마음을 채우고
무수한 백색의 꽃을 피우더니
맘을 밝힌 흔적 하나 남기지 못하고
허공에 자신을 버린 눈꽃의 침묵

지금 사월은
그리움의 사태가 다시 일고 있다
한겨울 눈꽃보다 뜨겁게 피고 지는
꽃의 언어를 듣는 사람은 누군가
어둠 같은 그리움은 더 이상
격정을 이기고 못하고
전하지 못한 여린 마음을 무참히
천지 사방의 거리에
내동댕이친 꽃의 마음을 나는 안다

휴가

일상을 모두 접고
미지의 세계로 간다
모든 게 처음인 타국
나는 비행하는 새처럼
가슴의 무게를 비운다

꿈같은 시간들
어쩌면
다시 볼 수 없는 그곳을
가슴으로 스캔한다
생의 한 페이지에
아름다운 동화처럼 남아
아슴한 추억을 더듬어 갈 때
감각의 더듬이가 가장 오래 머물 곳

여객선은 불을 밝히고
마치 마지막 이벤트처럼
내 마음을 대신하는 올드팝이

선착장을 돌아 내 귓가에 담긴다
제목은
굿바이

현실로 돌아간다

섬과 섬

자유를 목마르게 희원하며 살아온 어느 날
세상과 멀어진 서귀포 푸른 바다의 범섬에서
바람과 파도와 갈매기
바다 위에 영혼의 닻을 내린 섬의 사연을 듣습니다.

아픈 사랑에 지쳐 놓고 싶은 사람과
시간 속에 간절해지는 천형 같은 그리움을
비울 수가 없음은 어떤 업보인가요
자유를 찾아 바다에 홀로 내린 저 섬
숨 막히는 삶에서 방목을 꿈꾸는 나
버리지 못하는 것
훌훌 털어 내지 못하는 것
가시처럼 아프고 질긴 독한 마음 한 조각에 갇혀
광활한 생의 바다에서 표류하는 생이란

자유란 모든 것을 비우는 일인가요
그토록 간절히 소망하는 그것은 어디에 있는 건가요

범섬과 나는
그저 마주 보며 쓸쓸히 웃습니다

배롱나무에 대해

삼십 년이 넘도록 그 꽃에 반해서
그 빛깔과 형상에 마음을 뺏기고 살았으면서
정작 그의 이름이 배롱나무란 것을 안 것은
수십 번의 계절을 보내고 어른이 된 후였다.

어린 날 고향 집 작은 동산에
소나무와 잡초 사이 어느 무덤가에 섰던 나무
해마다 빛 휘황하였지만
멀리서 바라만 보았던 건
그저 애처롭다고 생각 하였는지도 모를 일이다

가을이면
석 달 열흘 불꽃 같은 염원이 꽃 탑이 된다는 사연의 나무
내 가슴속에 설렘을 피웠던 꽃
지금 그는 백 일 동안 쌓은 기도로 세상을 환하게 열고 있다
그의 사연이 홍자색 밑줄을 그으며 하늘가에 적혀지고
더러는 붉은 우표를 붙여 바람에 서둘러 보내기도 한다

나는 왜 그리 긴 시간 아픈 사연을 모르고 있었던가

사랑 그리고 가을

혼탁한 그대 가슴 깊은 곳에
투명한 언어로 쉼터 하나 짓고 싶었네
잿빛 일상의 벽에 나팔꽃 한 송이 피워
영롱한 이슬 빛 하루를 선사하고 싶었네
잡풀 무성한 세월을 갈아엎고
샤넬No.5 향수를 버린
개망초 향기 폴폴 나는 가시내가 되어
계산을 모르는 까만 눈동자의
해맑은 머슴아를 가슴에 들이고 싶었네

그 야무진 꿈들이
습지의 갈대처럼 자라고
바람과 폭우의 우기에도
꿋꿋이 견디는 힘을 믿고 싶었었네

태양이 해바라기의 시선을 외면하고
들녘의 무명초가 씨앗 속에 추억을 담을 때
갈대는 실바람에도 자주 흔들리기 시작했네

마침표 없이 적었던 푸른 나무의 연서는
퇴색된 낙서장이 되어 낙엽으로 지네
천상의 별이 지상으로 내려와 꽃으로 살다
웃음을 닫고 돌아가는 서러운 시간

이유도 죄명도 없이
잔인한 시간의 절벽에 선
우리

나목 2

바람이 소리 내어 울던 날
군더더기 같은 감정과
남루한 겉모습을 고해하듯 버린다
회색 하늘이 미사포처럼 내린다

집요한 벌레 같은 미련마저
한 가닥도 남김없이 지운
심장을 폐쇄한 시간

세상 시름도 침묵에 사위어가고
성스러운 눈꽃들이
초라한 몰골에 흰 매화처럼 피어날 때
맑은 물소리가 들리는 듯
어느 새벽에 들었던 종소리가 들리는 듯
정갈하고 고요하게 정화되고 있다

나의 자화상에 파랑새가 날아든다

눈 내리는 밤

순백의 불씨가
무언의 계시처럼
어두운 세상에 내린다
다정하고
나지막하게
낮은 곳으로
더 낮은 곳으로

외로운 영혼에
그리움이 부활하고
세상은 시름을 놓고
고요히 묵상 중
아! 임이여
지금 이곳은
온전히 평화로운
당신의 영역입니다

바람 모퉁이에서

흐려져 가는
너의 이름을 불러 본다
백사장을 걷는
젊은 연인의 모습에서
시간 저편에 살아 있는
추억을 본다
슬픈 영화의 파노라마가 된
빛바랜 우리의 시간들
바람은 바람과 손을 잡고
파도는 파도와 얼싸안는다
내 영혼이 바람 되어
너를 찾아가고픈 오늘
너는 이곳에 없다
환청으로 들려오는
바리톤의 너의 목소리와
젊은 날
우리의 추억을
구슬프게 노래하는

야속한 바람의 무리뿐
세월은 시린 추억만
이곳에 정박해 놓고
나 혼자만
현실로 돌아가라며
길을 막는다

비애

비는
내 마음 가장 후미지고
아픈 골짜기로 먼저 스며들었다
반듯하게 정리된 감정들이
비에 젖어 흩어지고
해답을 찾을 길 없는
우리들 사는 모습은
어쩌면 이리도 처절하며
지우고 지울수록 더 선명해지는
너의 이름을 안고 사는 일은
너무도 우울한 생의 숙제였다
그리하여 비 오는 날엔
풀 수 없는 숙제들을 해결하려
버스터미널을 서성거리고
어느 우체국 앞을 기웃거리고
우산이 흠뻑 젖어 지칠 때까지
정처 없이 비와 동행한다
아프고 처량한 사연에 대한

해답을 알고 있는 듯
구슬픈 선율로 비는 여러 날 내렸지만
야속하게
단 한 번도 내 마음을 씻어준 적이 없었다
절망인지 희망인지
그거 하나 모르고 사는 세상 일
오랜 시간 비애의 물줄기 내린다

봄 꽃 축제

내 생의
봄이었던 그대 여운이
꽃으로 부활한 그날 밤
젊은이들은 예전의 나처럼
추억의 꽃이 될 그 밤을
사진 속에 정박시켰다

한 귀로 흘러 소멸되는
낯선 무명 가수의
고독하고 아픈 노랫말까지
흥겨움으로 한 몫을 하고

나무는 꽃향기로
사람은 웃음으로
넘치고 겨워서 웃었던 시간.
생의 고단함이 숨을 고르고
꽃으로 돌아 온 추억이
환하게 피었던 그 밤은

그 밤은 하늘의 달도 만월이었다

밤바다의 풍경

키 작은 고둥이 갯바위에 오르고
폐각으로 아기 게는 집을 짓고
밀물은 서둘러 섬에 다다르고
고기잡이 서툰 작은 어선이
커다란 어망을 감아올린다

어스름이
풍만한 가슴을 열면
바다의 어린 생명들은
어둠의 젖무덤을 찾기 시작한다

가로등

행여 그대가
어둠 속에서
내게 오는 길을
잃고 돌아설까봐
어둠의 휘장 한 자락
걷어내고 서 있는 거리엔
낯선 이들의 그림자만 머문다

저 멀리
헤드라이트를 밝히고
무정하게 달아나는
자동차 행렬 속에
그대가 있을까
온밤을 새워
그대 오는 길을 지킨
애타는 맘 하나 모르는

그날 이후

임이 남기고 간
마지막 간절한 소망이
바다의 부유물처럼
허공의 바람처럼
회색 하늘에 떠돈다
작은 소망 하나마저
잡초처럼 피어나지 못하는
혹한의 나라
불모의 땅에

봄이 온다는 사월
여러 날 비가 내린다
피어나지 못한 꽃
향기마저 잃은 꽃이
그날의
임의 모습처럼
비바람에 무참히 스러져
우리 곁을 아프게
아프게 떠나고 있다

수목원에서

꽃으로 웃어주며
그늘을 내려놓고
또 열매를 가져가라 한다

욕심도 없고
자랑도 하지 않는다
오로지
주는 법만 안다

오염된 가슴으로
베푸는 행복을 잊은
우리들 세상

티 없는 마음과
어깨동무하는 법을
이 작은 세상에서
배우고 간다

삶

남아 있는
작은 씨앗이 못 미더워
시든 꽃잎으로 감싸 안고

정해진 길을
떠나며 남기는
애틋한 마음 하나

이생의
삶은
온통 너를 위한 것이었음을

향기마저 남기고 간다

어느 날의 깨달음

언제부턴가
몸에서 삐걱대고 어긋나는 소리가 난다
알약은 마술처럼 고통을 잠재우고
미세한 의료기기를 통해
퇴화되고 있는 나를 들여다보면
온갖 상념은 슬픈 무기를 들고 침투한다

병원에 가면 자신의 행복을 가늠할 수 있다던
누군가의 조언을 되새김질한다
병실이 주거지가 되고
고통은 형벌이 되어
생의 질곡에 있는 사람들
그래도 나는 씩씩하게
험한 불혹의 산을 넘어왔고
몇 개의 불만스런 조건들을 제외하면
행복한 이유는 손가락을 꼽아도 부족하건만
마음엔 근심의 바이러스가 득실거렸다
갈망과 욕망

나를 황폐하게 하는 집요한 영혼의 세균들

긴 시간 동안 내 의식에 침투한 바이러스가
육신의 고통과 함께 치료되던 날 그저
지금 이 모습에 행복하고 감사하며
너그러운 사람으로 부활되는 날이었다

사는 일이 쓸쓸할 때

때로
융화되지 못하는 물 위의 기름처럼
삶의 바다에 나 혼자 표류할 때
일상의 짐을 버리고 기차를 탄다
뜬금없이 전화해서 조를 만한
만만하고 가까운 사람 하나 없이
인연의 가지치기를 하며 살아 온
내 삶의 공식을 풀이하면서
추억이 박제된 바다를 찾아간다
조로한 청춘의 기억이
시린 파도로 넘실거리는 곳
상념 투성이 내 마음처럼
그곳엔 부유물이 파도를 타고
좌초된 꿈을 적재한 채
폐선은 여전히 밀물과 썰물 사이에 있다
산다는 것
얼마나 더 많은 삶의 연륜이 쌓여야
그 해답을 얻을까

바다는 언제나
부서지는 파도만 발아래 놓고 간다
서녘에 노을 꽃이 피고
나를 기다리는
상행선 기차역 플랫폼에선
내 고뇌보다 쓸쓸한 기적 소리가
석양을 따라 흐르고 있었다

제3부

연꽃

속세를 떠난 사람의 뒷모습을 본다
어지러운 세상을 구해 보겠다고
연잎의 이슬로 앉아 있다

깊이를 알 수 없는 모성의 늪에서
헤어나지 못하는 어머니는
우산 같은 꽃대가 되어
나를 지켜보고 계신다

임의 기도는 간절하고
고역으로 엮어진 시간 속에
오묘하고 찬란한 꽃이 핀다

늪 같은 내 마음에 향 맑은 꽃이 핀다

눈 내리는 버스 정거장에서

종착지가 다른 버스들이 나를 두고 간다
무수한 눈송이는 허무하게 발아래 부서지고
그것은
내게로 향해 오는 마침표 같은 언어
버스도 떠나고 청춘도 가버린 세월
가슴에 잠든 꿈을 버스에 실어 보내고
바스러진 청춘의 기억에 자유의 날개를 달아 주며
떠나자
목적지를 향한 버스를 타고
마지막 종착지를 찾아 눈송이처럼 자유롭게
이곳에 마침표를 찍으며
떠나자
눈 내리는 버스 정거장에서

그녀의 개화

그녀가 외출을 한다
굴레에 갇힌 시간 속에
자신을 무던히도 접고 살았던 여자
갖가지의 무거운 이름을 안고
가을에서 봄까지의
침체된 시간 속엔
개념의 틀에 향기를 잃은
무수한 꽃들이 시들어 갔다

생이 무르익는 길목
유월
도발적인 그녀가 오고 있다
가슴에 묻은 바람이 가시로 돋아
이제는 누구도 제어할 수 없는 정열을 가진 여자
따가운 시선과 태양이 시샘하는
삶의 높은 담을 넘어
붉은 그녀가 피어나고 있다

추억을 찾아가던 밤

내 기억의 선로를
단 한 번도 이탈하지 않았던
그대를 찾아갑니다
투명하고 싱그런 꿈을 키우던
그대는
달맞이꽃을
풀벌레 노래를 좋아했지요
그랬었지요.

소녀는
중년의 여인이 되어
어스레한 세월을 걷습니다
수척한 초승달에 어린
기억의 편린은 영롱한 별이 되었습니다
파리한 달맞이꽃이
고개 숙인 채 추억만 안고 있네요
풀벌레 연주를 들으며
뭇사람과 고달픈 생의 이야기를 풀어봅니다
기억은 또 그리운 이름표를 붙여
오늘밤을 추억 속에 걸어 놓겠지요

눈 내리는 날

언젠가
못다 한 사랑이
살아가는 내내
뜨거운 불꽃으로
가슴에 점화되어
고독하고 어두운 삶에
길이 되었었고
꽃이 되었다는 것을 그대는 알까요

막막하고 암울한
계절의 끝
공허한 하늘에 만개한 순백의 꽃송이들
누구의 순결한 고백서인지
누군가 온다는 희소식인지
아!
주체할 수 없는 벅찬 설렘

폐선

침묵으로 적재된 과거
철없는 갈매기의 재롱
앞산 푸른 소나무의 동정의 눈길
의미가 없다
애정도 식어버리고
더 이상 얻을 게 없어
나를 버린 그대 눈빛은
겨울 눈발처럼 차가운데
내 영혼은 밤낮없이 꿈을 꾸고
쓰다 만 항해일지 곁에
상처 난 깃발이 바람 속에 살아 있다
기다리자고 기다리자고
밀물이 희망을 안고 달려온다
포기하자며 포기하자며
썰물은 나를 버리고 떠난다

심장의 울음소리가
세월 가는 소리보다 더 아프다

폭우

그날은
태풍을 따라 비가 내렸다
이십여 년을
내 화분에서 자란
소담스런 꽃 같은 아이는
낯선 미지의 세계로 향하는
입영열차를 탔다
어제를
허물처럼 벗어 놓고
세상의 모진 비바람도
시들지 않을 꽃씨로
영글기 위해
여린 꽃잎은 비를 맞으며 가고
비에 젖은 뒷모습이 인화된
아픈 가슴에
여러 날 폭우는 그치지 않았다

풀꽃

라일락 아래서
목련 밑에서
빛 없는 조연 같은 삶

어느 생에서
인연으로 가지 못한
사랑이 있어

계절 따라 찾아와도
이방인 같은
서러운 그대 옆자리

무심한 그대 곁에
하루를 살더라도
행복한 오늘

못다 한 말들은
씨앗에 담아
그대 곁에 남기고 가리

회화나무의 비애

눈물이 마르지 않는 얼굴로 하늘을 봅니다.
시선 둘 곳 없어
날마다 허공을 더듬어 아프게 보낸 그대를 그립니다
당신의 죽음 앞에 말을 잃은 죄 많은 존재라서
당신의 고통을
묵인한 공모자라서 살아도 살아도 상처뿐인 가슴입니다
상흔의 몸뚱어리 푸른 잎으로 가리고 빗물로 씻어내도
덮어지지 않고 지울 수 없음이 부끄럽습니다
시간은 언젠가 나를 당신 곁에 데려 가겠지요.
제 생이 다하는 그날
고해처럼 놓인 슬픈 내 표목은 비운의 전설로 남겠지만
나는 그대가 떠난 이 땅에
순례자로 부활해 영원히 그대의 노래를 부르겠습니다

(혜미읍성의 비애를 지닌 회화나무 아래서)

목련 피는 밤

바람 소리에
내 귀는 다시 남으로 열려
그리움의 불씨를 안고 오는
꽃들의 노랠 듣네
목련보다 애틋한 그대 이름이
내 마음에 시리게 피는 밤
그 누구의 애절한 마음인지
목련 가지가지마다
꽃 편지가 환하게 걸려있네

꽃에게 바람

어떤 의미가 된다는 건
꽃을 피우는 일

의식이 환한
이 땅의 젊은이들이
어지러운 세상에 희망의 꽃으로 피고
우리의
어머니는
일생을 희생의 꽃으로 피운

겨울에서
봄으로 오기까지
순백의 눈꽃이 무수히 울었고
열정의 매화가 다녀가네

지금은 우리의 봄이 머무는 시간

고독한 그대를 위해

확확 가슴 지피는
바람들이
가파른 삶의 언덕에 소담한
꽃으로
꽃으로 피어주기를

봄 바다에서

너의 기억이 꽃처럼
만발하던 날
영혼이 온통
자유로운 그곳을 다시 찾았네
시간을 닫고
마주 앉아 있으면
한 가지 생각으로만 채워지는 가슴
어둡고 추운 시간을 돌아
눈물겨운 만남의 기쁨이
찬란한 바다

간절한 기다림을 접을 수 없는
내 소중한 존재들은
어디쯤 오고 있는지
지금 나는
표류의 배가 정박한
봄 바다에서
마지막 해후의 항해를 위해
돛을 올린 사람을 기다리고 있다네

꽃 지고 꽃 피는 섬진강에서

서정시가 흐르는 강가에서
강을 따라 떠나는 꽃잎을 보네
소용돌이 속으로 사라지는 꽃잎들

과거의 내 모습을 꽃잎 속에서 보았네
미련과 애증을 안고 흘러온 세월의 강

오늘 이 강나루에 닿아
나에게 편지를 쓰네
이 세상 모든 꽃들은
저렇게
세월의 강을 따라 떠나는 거라고

꽃이 지는 강가에서
내 가슴에 꽃 한 송이 피어나고 있었네

당신은 내 생의 봄이었네

사월이면
진달래 곱던 마을 뒷산 어린아이들
봄꽃처럼 꿈을 키우고
동화같이 평화롭던 고향 봄 풍경화

꽃이었던 어머니는
속절없는 세월에
가지 많은 느티나무가 되시고
당신을 떠나 온 내 삶은
따사로운 봄에도
찬바람 무성한 겨울이었네

내 생의 봄은 어디로 갔는가

어머니는
내 노래의 슬픈 주인공이 되고
아스라이 먼 길을 가신
아버지는 추억 속에 고립되어 계신 지금

어머니 모습이 살구꽃처럼 곱던 봄날
그날이 내생의 따사로운 봄날이었네

목련에 대한 명상

삼월 그 꽃샘바람 속
신새벽에 당신의 발걸음 소리
나는 다시 들었네

긴 고독과
침묵의 겨울에도
버리지 못한 미련이 남아 있었던 것

가슴속 각인된 이름을 지우지 못하고
겹겹이 쌓인 지나간 회상을
싸안고 있었던 것

햇살이 시력을 잃고
과거가 되어 가는 시간 속에
소중한 깨달음 하나 다시 얻었던 것

귀환하는 그리움
새벽 봄 첫 차에 당신은 몸을 실어

흰 빛 희망을 앞세운 채
내게로 오고 싶었던 것

민들레꽃 지던 날

척박하고 후미진
희망이 보이지 않던 땅

특별하지도
화려하지도 않은
꽃의 무리가 살았네
바람과 비가 멎은
어느 볕 좋은 날
꽃들은
어둡고 아팠던
시간과 공간 속에서
야무지게 키운 꿈을
씨앗에 소담히 담아
미지의 세상을 향해
장엄한 비상을 하고
꽃을 보낸 후
꽃대를 세워 배웅하는
경이로운 그들의 의식을

조용히 지켜보고 있었네

내 생각 속으로
어머니가 들어오시고
아버지가 찾아오시고
우리네 삶의 과정이
재현되고 있던
애틋하고 장렬한 봄날이었네

봄이 오는 길

작열하는 태양 아래
타는 목마름을 견뎌내고
하늘이 서럽게 울던 밤도
침묵으로 견딘 그 뜻을 몰랐습니다

무상으로 주는
허수아비의 오롯한 몸짓과
푸른 잎새가 낙엽으로 떠나는
깊은 사연을 그땐 몰랐습니다

나목이 서슬 퍼런 바람을 견디고
가슴을 닫은 대지 위에
허무하게 스러지는 눈송이의 언어가
마지막이 아니었음을 그땐 몰랐습니다

삼월의 단비가 어머니처럼 내려와
씨앗 속에 담겨진 푸른 전설을 열고
나목에서 돋아나는 잎새의 꿈을 들으며

긴 아픔 뒤에 잉태 되는 오묘하고 찬란한 진리를
이제야
이제야 알았습니다.

제4부

오월의 길에서

오월!
그대는 또
꽃의 문자로 적은 편지를
추억의 아까시에 걸어 놓았네요
긴긴 사연들을
황홀하게 읽고 읽으면
내 가슴에도 그리움의 가시가 돋아
나는 다시
주소 없이 편지를 씁니다
초췌하게 시들어가는 꽃잎 같은
마음을 담아
바람의 우체통에 넣으며
추신으로
잔인한 꽃 편지는 다시 보내지 말라고
붉은색으로 굵게 적었습니다

늦은 봄날에

기나긴 시간을
보석인 양 간직했던
슬픔 가득한 일기장이며
유치함이 너절한 연서며
불만투성이 편지들을 정리한다
어차피 떠난 날들과
의미 잃은 추억을 어쩌자고
오랜 세월을 안고 다녔는지
보석처럼 숨겨 뒀던
과거의 짐들을
먼지 털 듯 털어내면
무거운 감정의 사슬에서
벗어날 수 있을 것 같아
눅눅한 마음을 햇살에 널어놓았다

나의 늦은 봄날
향기 잃은 추억들이 파들파들
동백꽃처럼 지고 있다

그 여름의 꽃밭

한 송이 두 송이
꽃이 필 때마다
나의 꽃밭은 늘 불안하고
잠들지 못하는 시간이었네
가녀린 꽃들을 지키는
내 곁의 그대는
꽃 같은 웃음으로 나를 지키고
때때로 바람은 기별도 없이 와서
심술을 부리고
폭우는 또 얼마나 많은
훼방을 놓았던가
햇살이 다시 웃음을 찾고
바람의 손길이 너그러운 시간
지금은 가을
겨운 시간의 잔영은 떠나고
아픈 기억들이 과거에 묻힐 때
만발한 가을 꽃밭에서
나를 기다릴 그대!

나팔꽃처럼 너를 그리다

불면의 밤을 보내고
아침을 여는 그리움
활짝 웃어도 슬픈 보랏빛 얼굴
오르고 올라도 닿지 못하는 그곳
길을 가네
고독한 외길
잠시 하늘은 맑았다가
다시 비가 내리네

아득한 너의 하늘

연꽃에 내리는 비

여름 한낮
작열하는 태양 아래
투명한 이슬로 다가갈 때
시리게 외면하던 그대
누구를 위해
마음을 닫고
어둡고 습한 곳
황량한 그곳에서
인고의 대가인 양
열병처럼 꽃을 피운
지고한 향기는
누구를 향한 마음인가요
잡을 수 없는 마음은
향기가 되어 멀리 가고
그대에게 스미지 못한
떠도는 마음은
아침이면 이슬로
밤이면 별빛으로 내리다

오늘은 슬픈 빗물로

그대 발아래 사위어갑니다

낙엽

떠나자
어두워진 길에
가슴에 담긴 추억을
횃불처럼 들고서

못다 한 말들과
져 버린 청춘
허기진 그리움은
침묵으로 덮어두고

가는 곳이
먼 길이거나
긴 강이라도 좋으리
그곳은 내 귀향의 종착지

나
그곳에서
붉은 열정을 빚으며
다시 꿈을 꾸리라

낙엽이 되어

빛나던 시간 뒤에
약속처럼 허무가 온다
기다리는 시간 동안
한 잎의 사랑이 시가 되었고
열망의 허상으로 시가 익는 동안
갈빛으로 변해가는 우리의
젊음이 아팠다는 것을
가을의 여백에 적어놓고
더 이상
초라해지지 않기 위해
나는 계절의 별로 지고 있다
영롱한 눈물보다
투명한 너의 마음을
나 눈물 없이 읽고 싶노라
그대!
이별의 아픔을 기억하지 말라
사랑은 찬란했으므로

메밀꽃

구월엔
내 마음을
하얗게
하얗게 피워
별빛보다
달빛보다
환한 모습으로
계절을 나서면
그대
이정표 없이도
나를 찾아
나비되어 오겠지
퇴색할 수 없는
깊은 그리움이
하얀 불꽃으로 타는
가을 들녘으로

달 같은 사랑

한 조각
내 몸을 깎아
어둠을 밝히면
행여
그 빛으로 그대가 밝아질까

말없이 주고
형체 없이 닳아도
너의 어둠을 밝히는 거라고

내 어둠을
애틋하게 밝혀 주는
사랑 하나 있어

어둔 세상에서
우리
이렇게 행복하나니

장미 그대는

짧은 생을 마치고 모두들 떠난 뒤
붉을 품은 그는 긴 시간 곁에 있었지요
그를 마주하고 있노라면
많은 과거의 회상이 교차합니다
붉은빛 열정! 만일 그 빛이 없었다면
세상이 얼마나 어두웠을지 가늠해 봅니다

우리들 사랑도 그랬고
대학로의 젊은 친구들 마음도 그것이었고
날마다 일어서는 삶에 대한 애착도 그것이었던 것을
또한 내 어머니의 마음 빛도 동색이었다는 것을

머지않아
또 그는 자신의 마음이 퇴색되는 설움을
자학하듯 한 잎 한 잎 바람에 던지겠지만
붉은빛의 마음엔 눈부신 철학이 있다는 사실을
붉은 열정의 빛이 얼마나 황홀한 아름다움인지
알고 갔으면 좋겠습니다

화분

사무실 한켠
우윳빛 도자기를 집으로 삼고
분홍 리본을 맨 사철나무가 들어왔다
낮 시간엔 마주하고 무언의 대화를 하던
어느 날 아침
날개를 접은 나비처럼 잎을 접더니
나날이 앙상하게 말라가다
끝내 바스락거리는 슬픈 음표로 잎이 진다
어느 병동의 환자처럼
그리움의 수렁에서 허우적거리다
허물을 벗고 떠난 매미처럼
바람을 따라 나선 민들레 꽃씨처럼
두고 온 푸른 초원으로 돌아가는 꿈을 꾸며
삶의 경계를 넘어 갔으리라
탈출구가 없는 현실
주인공이 되지 못하는 슬픈 삶
바스락 거리는 잎새 소리가
내 폐부에 아프게 들어앉는
중년의 가을 아침이다

나목 1

무수히 이별을 하고
한 잎 미련도 바람을 따라간
어제는
언제나 아슴한 추억 한 점

마음 닿는 허공마다
아쉽게 적어보는 이름들
휘파람으로 독백하는
못다 한 이야기들

지금은
가장 진실한 언어로
가장 간절한 몸짓으로
기다림의 미학을 배우는 시간

겨울 애상

봄처럼 아득한 인연이 있네
속절없이 흐르는 시간 속에
기약 없는 해후를 약속하는 것과
싸늘한 뒷모습을 기억하는 것처럼
서러운 일은 없었네
체념은 시린 가슴에 피고 지고
계절의 경계를 긋고 떠나간 것처럼
마음의 경계선에 타인이 되어 가는
결빙된 우리의 관계에
해빙의 봄은 멀기만 하네
눈꽃이 그리움을 피우는 시간
추위에 허기진 당신 마음에도
은은히 내 생각으로 꽃 피울
봄은 어디쯤에 오는 건지

첫 눈

봄 여름 가을
기나긴 그리움
그 여정의 끝 날

그대 창가에 내려
짧은 해후로 스러질
아픈 인연일지라도
그대 발아래 사위어지는
눈물 같은 목숨일지라도
한 점
후회도 남지 않을
순백의 첫사랑

목련으로 피다

꽃샘추위의
미련이 머무는 사월 뜨락
기다림에 지쳐
오지 않는 봄을 찾아
지난겨울에 떠나신 아버지가
진달래 피는 산을 넘어
다시 오실 것 같아
지지 않는
간절한 그리움은
목련으로 피어
어두운 하늘에 하얀
불을 밝혀 두었다

그 가을 밤 붉은 달

무언가에
나를 잡아끄는 것만큼
아픈 것도 어려운 것도 없었다

그 가을밤도
좁은 가슴에 담긴 일들이 버거워
천근 같은 무게의 마음으로 바다로 갔다
공허한 하늘엔 허연 달이 웃음을 흘리며 앞질러 갔고
풀벌레 노래마저 낙엽처럼 건조했다
어둠이 지배하는 밤하늘엔
나를 따르던 그 달이
붉은 얼굴로 하늘 가운데 고정되어 있었다
밤하늘의 붉은 동공처럼

어느 하나에 온통 마음이 달아오르고
그리하여 주체 못할 불덩이로 달구어진 마음은
밤이면 정처 없이 허공을 배회하다
뜨거운 마음의 독백을 어둠 속에 피웠을

가슴 뭉그러지게 아픈 선홍빛 눈물로 말라가는 사랑과
푸른 바다에 영혼을 뺏겨버린
달의 상흔이 붉은 눈으로 울던 밤

버리지 못하는 내 뜨거운 희원을
그 사람은 모른다 하더라
사위어가는 초승달이 되어도 놓지 못하는 미련 투성이
달의 마음을 바다는 그저 모른 척 어둠 속에 눈을 감더라

겨울바다에서

시린 겨울날
겨울 바다행 기차를 탔었네
유난히도 생은 무거웠고
마음의 짐이 버거웠네

먼 길을 돌아온 냇물과 강물의
뜨거운 해후가 있었고
또 체념의 끝에서 터득한
자유가 있는 곳

오랜 세월을 방황하는 내 바람들과
생의 바다 어디쯤에서 닻을 내렸을 사람

어둠이었고
슬픔이었다네

마지막 기다림의 플랫폼인
불혹의 겨울바다에

하나씩
하나씩
짐을 내려놓았네

세상 어느 곳에서도 내려놓을 수 없었던
멍에

겨울바다!

내 영혼이 방목되고 있었네

생의 가을

빛바랜 기억 저편의 상흔을 안고
내게 오던 가을이란 계절은
마치 형벌과 같은 시간이었다
의미를 잃은 과거에 대한 집착의 행로는
기억의 편린에 건재하는 미련과 그리움을 싣고
제어 기관이 고장 난 낡은 기관차처럼
철로를 잃은 외로운 질주를 멈추지 않았었다
생의 중턱을 넘어
비움의 미학을 배우는 계절에 도착했다
혼란과 격정의 세월을 건너
기다림과 그리움에 달아오른 가슴은
고즈넉한 하늘가에 노을 꽃으로 승화되고
연륜은 모난 마음을 원형으로 다듬어
가슴을 제어할 수 있는 능력을 가지는 나이
지금은 생의 가을
자족과 달관의 경지가 평화로운
나는 눈부신 가을꽃이다

성큼 장년이면서 앳된 정서를 형상화한 시

—공영주 시인의 시, 그리움을 아름답게 승화시키기

소재호(시인, 문학평론가, 석정문학관 관장)

인생은 반전이라는 말이 있다. 말하자면 인생의 참 맛은 그 반전의 시점에서 더 유발된다는 뜻이리라.
반전이란 처음부터 지속되어 오던 상황의 변조를 의미한다. 공자는 40세의 나이를 불혹不惑이라 했다.
어떤 것에도 유혹되지 않고 한곳에 이끌리어 편벽되지 않으며 지금까지 혈기방장한 생활과 의기충천한 신념을 곱조롬하게 다독이며 인간다운 인간으로 수정 정립하는 인간성 형성의 연륜을 일컫는 말인 듯하다.

그러니까 40의 나이에는 반전하여 진자아眞自我에 귀의함을 뜻한 듯도 싶다. 서정주의 시 「마흔 다섯」은 '귀신이 와 서는 것이 보이는' 나이라 읊었다. 귀신이란 '사악한 혼백' 그런 개념이라기보다는 모든 사물의 이면, 감춰진 어떤 음모, 또는 겉으로 보여지지 않는 수많은 사상의 가려진 진실 등으로 유추된다. 그러하니 '안 보이던 것들이 40대에 이르면 다 보인다.' 라는 의미로 직핍해 본다. 시의 내력으로도, 40대에 오히려 형상화된 이미지의 시에 정착할 것이란 암시도 느껴진다.

공 시인도 40대에 금방 다다라서 진정으로 그는 철들고 묘미 있는 인생의 반전도 누리면서, 시도 숙성되었으리란 조심스런 생각을 해 보게 된다.

그의 시 속에서는 모든 사물이 범신적凡神的 영성靈性을 지닌다.

주자아主自我와 객자아客自我가 끊임없이 합일의 단계로 나아가면서, 시의 질료와 모든 물상에 감정이입을 감행하면서 또한 그 물상들을 영활靈活케 한 것이다.

그리고 이런 물상들은 시인과 함께 품격 높은 시가 창조되도록 공동선을 펼치는 것이다. 물상들의 애니미즘적인 영성은 40대인 시인의 눈에 띄게 되고, 이로 말미암아 시인은 경이로운 발성을 하게 된 것이다.

가령 내 그리움의 형상으로 강이 흘러가고, 가로등은 내 기다림의 대상을 마중하는 사물로 의탁되며, 내 허무감이나 무상감으로 낙엽은 지는 것이다.

그런 의탁되고 환치된 사물도 시인의 시각 안에서 변이를 거쳐 왈칵 시상으로 떠오르는 것이다. 그의 시적 행장이 하나의 이상태理想態를 만드는 데 있어서 많은 질료들이 참신하게 배차된다.
이런저런 변곡점을 넘어서면서 과거 생활의 행적도 잔영으로 남아서 현재의 사상事象을 만나 문득문득 오버랩 되는 점도 한몫하는 것이다.
또한 애잔한 소녀적 감성도 아직 그의 중년의 회랑을 서성이고 있다.
그런데 그 애잔함이 더러는 생애의 갈피 속에 묻어 나오는 서러움의 정조가 배어남에 연유해서 시가 사뭇 아름다운 것이다. 데카당스한 정서가 아름답다는 말은 매우 역설적이다.

그러나 한편 그의 시적 자아는 아직은 마냥 젊은 심상을 지닌다.
젊은 시절의 무한사유도 다시 상기되고, 사랑이라든지 어떤 그리움도 아직은 표백되지 않은 채 색깔은 또렷이 영상으로 클로즈업 된다. 생애의 생동하는 물굽이가 수많은 소리를 품어 요란한 파란도 일으킨다. 삶의 진정한 의미를 깨닫기 시작하며, 자기성찰의 고운 침묵에 잠영하기도 한다.
인간적 성숙은 그대로 문학적 성숙에 다가가서 함께 불면의 창가에 턱을 괸다. 그의 불면은 그의 고향 온 마을에 달빛으로 젖는다.
격동하던 시절은 갔지만 아직 그 아우라에 젖어 은은한 생의 환희도 음미하는 중이다.

그의 시는 참으로 젊다. 성숙했다는 말은 결코 노회하다는 뜻이 아니다.

고정관념의 틀을 깨고 자유 분망하게 시의 발걸음은 다양성을 지향한다.

공시인의 시는 시가 시적 체제를 구조하면서도 세련미를 갖추되 소녀 같은 무구한 감성이 유로된다는 언질을 더 보태고 싶은 것이다.

정서가 소녀의 그것처럼 앳되다. 그의 시가 이미지화하는 소위 모더니즘 풍을 약간씩 그려낸다는 점도 부각시키고 싶다. 스스로 자중하고 스스로 겸양하며, 글을 아무 데나 촐랑대며 발표하지 않아서 독자의 눈에 자주 띄지 않았을 뿐. 이제 그의 등장은 만만치 않은 화제가 될 것이다. 그는 안으로 안으로만 잘 굽이쳐 왔다. 밤에 흐르는 강이 더 맑게 산천을 벗어나듯이, 별빛을 담아 더 영롱함을 물결 아래턱에 감추며 또랑또랑 눈 뜨며 흘러가듯이, 그렇게 공 시인은 밤을 지내오며 자기 연마와 무한 성찰을 도모한 것이다.

치하하고 싶은 점도 많다. 그의 영육의 순결성과 과부하되지 않는 절제된 감성을……. 난초처럼 서늘하고 더러는 날렵함을…….

그의 시가 그리움의 징검다리를 건널 때 하구로 발 뻗는 냇물의 속살거림에 경건히 자신을 정화해 감을…….

그의 그리움은 어둠과 아득한 회한 안에 문득문득 반짝이는 영혼의 울먹임이다.

거친 소리는 마멸되거나 삭은 뒤에 울림으로만 번져 나오는 요령 소리이다.
몇 자락 산을 넘어 온 은은한 징소리이다. 딱따구리가 속 빈 고목을 쫄 때 산기슭을 쩌렁쩌렁 울리며 되돌아와 가슴 확확 틔우는 메아리 한 줄기이다.

필자는 그의 생애가 어떤 숲을 헤치고 나와 이쪽 언덕에 다다랐는지 잘 모른다.
그는 어떤 심성으로 사람들을 만나고 또 헤어지는지를 너무나 모른다.
그러나 그의 시에서 풍기는 찔레꽃 향기 같은 여운으로 그의 살아 온 내력, 그의 인생살이를 넉넉하게 유추해 볼 수 있다. 그의 심성은 보드라울 것이다. 그러나 옳고 그름에 단호할 것이다.
그러나 불쌍한 것들에게 포근하고 시선에 걸리는 사악함에는 싸늘할 것이다. 그는 어제 이런저런 아우라를 거느리고 우뚝 시인이 되었다.
그의 시가 그를 아름답게 구축했다.

이제 그의 시 몇 편을 음미해 보고자 한다.

해묵은 장독대 돌아보면
간장과 메주에도 봄이 들어
하얀 곰팡이 꽃이 핀다.
발효로 태어나는
오래된 삶의 재생 능력을 보면
세상에 영원한 삶도 없다지만

또 영원한 죽음도 없다는 진리를
고향 집 장독대서 안다
죽음이 새로운 생명에
귀속되어 긴 시간 발효를 거쳐
꽃으로 피어난다는 사실을

우리도 세상살이에 지치고
마음이 힘들어질 때
고향을 찾아가
이미 세상을 등지셨거나
세월에 청춘 잃은 부모님을 뵐 때
그분들 희생과 사랑이 내 삶의
원동력으로 작용하는 걸 보면
사랑 또한
세월 속에 소멸하는 게 아니라는 것
늙으신 몸에 배어 있는 곰팡내 나는 사랑이
향수로 발효되어
내 허기지고 갈증 난 영혼에
피어난다는 사실을

—「깨달음 하나」 전문

시의 질료가 참신하다. 장독대 간장 메주에 하얀 곰팡이는, 만물이 소생하는 봄철에 백화방창한 꽃 세상에 비약한다. 겨울을 지나는 수목들의 꽃핌과, 지난 한세월을 견뎌내고 어리는 염화를 연계하여 그 '하얀 꽃' 의 속성으로 고리를 맨다. 이 연상수법이 고도의 기교인 것이다. 하얀 꽃이 맺기까지는 인생의 도정도 이에 흡사하여, 어떤 변곡점을 넘어오며 그리하여 시간에 추보하는 서사성에도 귀결된다. 인생 이야기가 여기서는 더 박진迫進하다.

왜냐하면 부모님 이야기와 고향의 추억들이 집약되기 때문이다.

문맥이 거침없이 세련되어 있다. 자연의 순리와 인간 역정이 병진한다.

그리고 자연과 인간의 문제가 한 곳에서 융화한다. '발효'라는 개념은 정화와 승화와 발전이라는 모티브에 합성된다. 여기서도 부정적 정서가 반전되어 아름다운 인간성에로의 귀의가 도모된다.

그대에게 간다
초대하지 않은 그대에게 간다
말간 햇살 아래 저린 그리움으로
비에 젖은 마음으로 비틀거리며
하루에도 수없이
따스한 그대를 찾아가는 내 영혼
긴 하루를 방황하다
어느 가로등 불빛 아래
삶의 마침표를 찍는 하루살이처럼
내 그리움도 그대 생각으로 하루를 닫는다
어쩌면 이 생이 다하는 날까지

그대를 안고 살아야 할 내 숙명은
그리움이 넘치는 가슴으로
그리움이 밭은 가슴으로
그대를 찾아가고 있다
편안한 그대를 향하는
내 영혼의 휴식
가슴에 인화된 모습을 그리며 간다

—「그대 생각」 전문

한용운의 「님의 침묵」에서 임은 갔지만 나는 임을 보내지 않았다는 패러독스가 시의 결기를 이룬 점이 이 시에서 상기된다. '이별한 그대' 인데 나는 자꾸 그대에게 가고 있는 것이다. 나와 그대를 연결하는 매체는 '그리움' 이다. 이 그리움은 나를 생동하게 하고 나의 정신세계를 번창케 한다. 무엇인가를 그리워하고 있을 때 나의 삶은 정진의 고삐를 놓지 않음과 같다.

그리움은 시인의 마음속에서 온갖 인문학적 화두를 파생시킨다. '생각한다 고로 나는 존재한다.' 하는 말처럼 '그리워한다 고로 시인은 존재한다.' 라고 억지 담론을 이끌어 낸다. 그리움은 포기, 좌절의 대칭점에 포진한다. 그리워하는 사람은 따라서 매우 젊다. 정서는 건강하게 지탱된다.

시적 체제, 시적 흐름, 시의 소재, 시어의 선택 등 매우 적절하고 옹골차다.

혼신의 힘을 다해 달려도
물거품으로 사라지던 희망들
흘러간 날들은 망각의 시간에 던졌지만
버리지 못한 미련으로 넘실거리는 바다
하얀 포말로 쪼개어 전하고 싶은
마음의 언어들마저 삼켜 버리는 그 시간 속에
허무의 가슴 달래며 부서지는 파도 소리
뒤돌아보면 부메랑처럼 돌아와 앉은 막막함이
소망의 돛단배를 침몰시키지만
아침이면
태양은 다시 수평선 끝에서
희망의 깃발을 달고
푸른 내 바다의 세찬 물살을 가르며 떠오른다

— 「내 생의 바다」 전문

이 시대에도 자연의 순리가 인간의 삶 그 궤적에 부차적으로 표상된다.

그리고 운명성에 귀의하면서도 저항하는 인간의 도로徒勞가 결국 무위로 가는 모습을 서사적으로 읊는다. 처처에 대칭과 조화, 정반합의 변증법적 논리가 빛난다. 공감각적 기교가 빼어나다. '힘겨운 노력→무위로 가는 허망→다시 떠오르는 희망' 으로 도해되는 시의 골격이 참으로 우수하다.

잔혹한 세월 속에 별리 아닌 별리로

억겁 같은 시간을 보낸 어느 날
그 바다에 갔습니다.

없는 그대가 사는 밤하늘엔
허기진 추억들이 등대로 쏟아지고
언젠가의 그리움과 기다림이
등대 불빛 속에 무수히 피어납니다.

어둠이 여백 없이 채워갈수록
등대는 점점 선명한 시력으로
사명감을 가진 병정처럼 바다를 지킵니다
온밤을 새워
어둠에서 배회하는 존재들을
지키는 등대처럼
섬광 같은 깨달음 하나 가슴에
뜨겁게 들어앉습니다.

생의 어느 바다에서 점등 되어
나를 지킨 내 마음의 등대인
그대!

— 「다시 그 바다에서」 전문

개념의 시각화, 개념의 청각화, 그리고 형상화로 이끌어가는 시인의 탁월한 소양에 대해서 우선 찬사를 보낸다. '어둠이 여백 없이 채워간다' 는 이 패러독스는 시를 감동으로 이끌기에 충분하다.
가령 개념이 형상으로 둔갑함을 형상화라 일컫는데 여기서는 반어적으로 형상의 개념화가 도모되는 바, 구태한 발성법에서 떠나 한층 세련된 테크닉을 보여준다. '바다가 떠남' 으로 그 의인법이 인간들의 '별리' 에 치환되고 있는 꼴에는 혀를 찰만하다. '그대는 자꾸 없습니다' 그 공허에 어둠이 새살처럼 차오르고 다시 불빛이 영혼의 형모로 여백을 채워내는 신비성에서 우리는 영성靈性을 느낀다.
'허기진 추억' '어둠의 여백' '생의 어느 바다' '섬광의 깨달음' 그렇게 시적 체감은 온전히 독자에게 전해진다.

계절의 귀로에서
그들의 노래를 듣습니다.
가슴 시린 선율 속에 담겨진
위태롭고 아슬한 삶의 이야기
세상엔 참으로 아프고 어두운 생명들이
얼마나 버거운 삶을 영위하는지
누가 저들의 생을 주관하는지
동정과 연민의 정을 느낍니다.
처절하고 서러운 삶과
절박하고 서글프기 그지없는 사랑에도
저토록 애절한 노래로 마음을 전하네요
그들의 바람과 애원이 하늘에 닿아
운명의 신에게 전해지길 기도하는 밤입니다

하기야 우리네 인생도
절박하지 않고 위태롭지 않은 것이 있었던가요
우리네 태초의 모습도 암흑에서 비롯되었고
삶의 과정 또한 기나긴 외줄타기 연속이었고
가을의 문턱에 선 나이에 내가 간직한 사랑도
내게로 올 땐 어둠이었지요
하지만
한밤에 듣는 매미의 노래처럼
막막하고 거칠기만 한 삶과
정체와 진실을 찾아 방황하는 사랑도
긴 시간 어둠의 터널을 벗어나면
이렇게 고운 노래로 승화될 것 같은 희망을
늦여름 밤
가슴 저린 저들의 세레나데에 실어 놓습니다

— 「매미의 세레나데를 들으며」 전문

매미의 허물을 본 일본 하이쿠의 시인이 말하기를 '얼마나 울음 울어서 껍질이 텅 비었는가' 하는 투의 시가 있다. 이 시에서는 생을 주관하는 어떤 전능한 분이 배설한 운명에 의하여, 허물에서 정갈한 목숨이 빠져 나와 전신으로 울고, 어두운 생명들은 울고, 하늘과 땅을 공명함으로 여겨 통통 진동을 날려 우주를 들썩거리게 울다가 울다가 그 울음이 노래가 되는 환상을 시인은 궤변 아닌 궤변으로 읊는다.

쇼펜하우어는 '인생은 외줄을 타는 곡예사/ 앞으로 나기

기도 위태롭고/ 그 자리에 가만히 머물기는 더 위태로워라/ 그렇다고 뒤로 물러가기엔 더더욱 위태로워라.'염세주의 철학자의 독백이다. 공시인은 삶의 과정을 외줄타기로 빗댄다.

내게 온다 그대가
심장의 문을 열고
감성의 문을 밀고
그대가 온다
먼 길을 돌아
내 생에 동승한 사람아
늑골에 사무친 고독이
세월의 간이역에서 하차하고
애틋한
민들레 한 송이 피우기 위해
감성의 들에 찾아 온 사랑아
지난날 회한으로 가득한 마음과
폐허 같은 추억에 아팠던
시린 시간의 보상 같은 그대여
이제
백지로 남을
허허로운 추억은 갖지 않으련다
그대 이름이
찬란한 시간 속에 걸리는 오늘

— 「사랑」 전문

시의 율조가 감미롭다. 사랑에 대한 재치 있는 묘사는 저 우울한 개념어들을 끌어내어 눈부시게 한다. '간 자의 이름' 이 찬란한 시간 속에 걸린다' 라는 역설이 얼마나 심통한가. '늑골에 사무친 고독' '감성의 들에 찾아온 사랑' '시린 시간의 보상' '심장의 문' '감성의 문' 그는 시의 형상화, 공감각적 표현 기교가 특출하다. 공영주의 시는 어느 날 먼 데서 꽃마차를 타고 올 것이다.

그 임의 고뇌
그 생의 번민들이
나의 어둔 하늘에
등불로 밝혀진 날
흐리고 허기진 가슴에
맑은 하늘이 들어앉는다
어느
고운 꽃이 이렇게
만인의 가슴에
향기롭게 피어나고
이토록 가슴 떨린
감동으로 안겨 올 수 있을까
그 임이
밝힌 등불 아래

어둠에서 배회하던
내 꿈 하나가
환한 미소로 웃고 있다

— 「시비 공원」 전문

'번뇌의 별빛이라' '조지훈 〈승무〉의 시에서 빛났던 시구를' 우리는 기억한다. '고뇌' '번민들이 나의 어둔 하늘에 등불로 밝혀진' 의 표현은 얼마나 절묘하게 형상화 되었는가. '시비 공원이' 그 시비가 우렁우렁 소리하여 찾는 자의 심금을 절절히 울린다. 그는 시인과 시를 우러를 줄 안다. 시를 대하는 자세가 경건하다. 그는 새벽마다 정화수를 마주하여 하늘의 별빛을 받아 낼 것이다. 대상을 경건하게 마주함은 또한 자신을 경건하게 정화하는 일에 다름 아니다.

그리움이 넘쳐
체념이 되는 것을 나는 안다
지난겨울 암흑 같은 시간 속에
한 가지 생각만으로 마음을 채우고
무수한 백색의 꽃을 피우더니
맘을 밝힌 흔적 하나 남기지 못하고
허공에 자신을 버린
눈꽃의 침묵

지금 사월은
그리움의 사태가 다시 일고 있다

한겨울 눈꽃보다 뜨겁게 피고 지는
꽃의 언어를 듣는 사람은 누군가
어둠 같은 그리움은 더 이상
격정을 이기고 못하고
전하지 못한 여린 마음을 무참히
천지 사방의 거리에
내동댕이친 꽃의 마음을 나는 안다

— 「꽃이 지는 이유를」 전문

'맘을 밝힌 흔적 하나 남기지 못하고/ 허공에 자신을 버린/ 눈꽃의 침묵' 은 해석할 필요를 느끼지 않는다. 그냥 철렁 감동이기 때문이다. '지금 사월은/그리움의 사태가 다시 일고 있다.' 가슴 휑하게 뚫는 감동이다.
사월을 잔인한 달이라고 한 엘리엇의 주장이 오히려 민망하다.

일상을 모두 접고
미지의 세계로 간다
모든 게 처음인 타국
나는 비행하는 새처럼
가슴의 무게를 비운다

꿈같은 시간들
어쩌면

다시 볼 수 없는 그곳을
가슴으로 스캔한다
생의 한 페이지에
아름다운 동화처럼 남아
아슴한 추억을 더듬어 갈 때
감각의 더듬이가 가장 오래 머물 곳

여객선은 불을 밝히고
마치 마지막 이벤트처럼
내 마음을 대신하는 올드팝이
선착장을 돌아 내 귓가에 담긴다
제목은
굿바이

현실로 돌아간다

— 「휴가」 전문

재치 있게 시어들을 구사한다. 시간차, 서사의 흐름에 따라가며 정감을 스케치하는 표현법이 절묘하다. 가벼운 메시지이나 인상은 강렬하다. '가슴의 무게' 를 비운다고 했다. 가슴은 생각, 사려의 다른 표현이다. 생각의 무게는 도대체 몇 근이란 말인가. 시적 체질이 잘 가꾸어져 있다.

바람이 소리 내어 울던 날
군더더기 같은 감정과
남루한 겉모습을 고해하듯 버린다
회색 하늘이 미사포처럼 내린다

집요한 벌레 같은 미련마저
한 가닥도 남김없이 지운
심장을 폐쇄한 시간

세상 시름도 침묵에 사위어가고
성스러운 눈꽃들이
초라한 몰골에 흰 매화처럼 피어날 때
맑은 물소리가 들리는 듯
어느 새벽에 들었던 종소리가 들리는 듯
정갈하고 고요하게 정화되고 있다

나의 자화상에 파랑새가 날아든다

— 「나목 2」 전문

나목을 통해서 시인은 자신을 성찰한다.
삭막한 겨울 풍경도 철리哲理를 품고 인간에게 교시敎示한다. 애상도 깃들지 않고, 퇴폐적 영락의 의미도 띠지 않는다. 나목은 다 비우되 신성한 자태가 된다. '버린다' 는 개념이 하늘의 이치를 깨닫는다는 의미처럼 이 시에서는 신성해진다. 그러므로 패러독스요 아이러니하다. 일단 회색의 미사포로 흉측(?)한 지난 적과 절연하고 사사로운 번민도 차단하고 시름도 침묵에 묻어버린 후에 시적 자아는 눈물 나는 감동의 반전을 맞는다.
성스런 눈꽃, 흰 매화, 맑은 물소리, 새벽의 종소리…… '정갈하게, 고요하게, 정화되어 환생하는 나의 자화상에, 목숨의 환희 같은 파랑새가 날아든 것이다. 이 시에서 영활靈活을 확인한다.

내 생의
봄이었던 그대 여운이
꽃으로 부활한 그날 밤
젊은이들은 예전의 나처럼
추억의 꽃이 될 그 밤을
사진 속에 정박시켰다

한 귀로 흘러 소멸되는
낯선 무명 가수의
고독하고 아픈 노랫말까지
흥겨움으로 한 몫을 하고

나무는 꽃향기로
사람은 웃음으로
넘치고 겨워서 웃었던 시간.
생의 고단함이 숨을 고르고

꽃으로 돌아 온 추억이
환하게 피었던 그 밤은

그 밤은 하늘의 달도 만월이었다

— 「봄 꽃 축제」 전문

공 시인의 시적 자질은 인생의 내면 이야기를 물 흐르듯 자연스럽게 표상해 낸다는 점에서 뛰어나다. 수사법에서 억양법이란 것이 있는데, 한쪽을 내리막에 두고 다른 한쪽은 대칭의 자리에 솟구치는 이미지의 제재를 설정하여 새로운 정서를 불러오는 수법이다. 가령 '슬픔은 가고 환희는 온다' 든지 '생의 고단함을 밀쳐 내고 꽃으로 돋아 나온 기쁨' 등으로 화두의 반전을 꾀하는 구조인 것이다. 마지막 종장은 '하늘의 달은 만월이다' 라고 막을 내리며 적막한 미래가 아니라 번무와 번창을 배설하는 해피엔딩도 퍽 흥미로운 것이다.

키 작은 고둥이 갯바위에 오르고
폐각으로 아기 게는 집을 짓고
밀물은 서둘러 섬에 다다르고
고기잡이 서툰 작은 어선이
커다란 어망을 감아올린다

어스름이

풍만한 가슴을 열면
바다의 어린 생명들은
어둠의 젖무덤을 찾기 시작한다
— 「밤바다의 풍경」 전문

바다의 일상을 서사적으로 읊었다. 밤의 바다는 고요함 그 자체이다.
그러나 바다와 바다의 근변에서 온갖 생명들이 쫑긋거린다. 정서를 빚는 어휘는 철저히 절제되어 있다.
'키 작은' '아기 게' '고기잡이 서툰 작은 어선' '어린 생명들' 등으로 연첩되는 그 '어린것들' 에 대한 생명 고양 의식과 큰 바다의 모성성은 대칭과 조화를 이룬다. 어린것들은 장차 시대의 주인공이 될 것들이다.

때로
융화되지 못하는 물 위의 기름처럼
삶의 바다에 나 혼자 표류할 때
일상의 짐을 버리고 기차를 탄다
뜬금없이 전화해서 조를 만한
만만하고 가까운 사람 하나 없이
인연의 가지치기를 하며 살아온
내 삶의 공식을 풀이하면서
추억이 박제된 바다를 찾아간다
조로한 청춘의 기억이

시린 파도로 넘실거리는 곳
상념 투성이 내 마음처럼
그곳엔 부유물이 파도를 타고
좌초된 꿈을 적재한 채
폐선은 여전히 밀물과 썰물 사이에 있다
산다는 것
얼마나 더 많은 삶의 연륜이 쌓여야
그 해답을 얻을까
바다는 언제나
부서지는 파도만 발아래 놓고 간다
서녘 노을 꽃이 피고
나를 기다리는
상행선 기차역 플랫폼에선
내 고뇌보다 쓸쓸한 기적 소리가
석양을 따라 흐르고 있었다

— 「사는 일이 쓸쓸할 때」 전문

낭만적 정조가 굽이친다. 이 시는 아마도 가장 공영주 시인다운 시의 격조가 아닌가 싶다. 가령 소녀적인 감성이 전편에 흐른다든지, 가만히 센티멘털한 정조가 여울지는 등으로 애상의 시라 일컬을 만하다. 사는 일이 쓸쓸하지만 사실은 인생 자체가 쓸쓸한 것이다. 광활한 황야에 홀로 놓인 소녀는 고독을 한껏 체감한다. 철인哲人들은 인간을 신 앞에 단독자라 했다.

홀로 와서 홀로 가면서도 자신이 누구인지 모르는 우매한 존재란 의미를 함축한다. 공 시인은 이럴 때 기차를 타고 멀리 떠나는, 더 공허한 생각을 끌어낸다. 시적 자아는 대인관계에서, 세상 도처에서 융화되지 못하고 수많은 사상事象에 대해서도 소외되어, 한타랑 안에서 배격된다. 일상의 삶에서도 회의를 품고 애상적인 자신에 비감悲感하고 나그네의 객수를 떠올린다. 그러나 필자가 보기엔 서글픔을 즐기는 심리적 새디즘에 접응된다고 여겨진다. 그럴지라도 이 시가 훌륭한 점은 일관된 정서가 비록 감상적이긴 해도 시적 감동을 이끌어낸다는 점일 것이다.
소재 선택이 탁월하고 공감각적 테크닉이 우수하다.

> 서정시가 흐르는 강가에서
> 강을 따라 떠나는 꽃잎을 보네
> 소용돌이 속으로 사라지는 꽃잎들
>
> 과거의 내 모습을 꽃잎 속에서 보았네
> 미련과 애증을 안고 흘러온 세월의 강
> 오늘 이 강나루에 닿아
> 나에게 편지를 쓰네
> 이 세상 모든 꽃들은
> 저렇게
> 세월의 강을 따라 떠나는 거라고

꽃이 지는 강가에서
내 가슴에 꽃 한 송이 피어나고 있었네
—「꽃 지고 꽃 피는 섬진강에서」

참 좋은 시이다. 꽃과 강과 시인이 만난다.
이들 공통된 속성은 모두 '흘러간다'는 점이다.
흘러감의 자태, 흘러감의 형용은, 비록 감상적 정조를 절제하고는 있지만, 영원 앞에 찰나적인 존재라는 점을 은연중에 설파한다. 담담하지만 떠남에 대한 감회는 애잔하다. '내가 나에게 편지를 쓰고' '내 가슴에 새로이 피는 꽃 한 송이' 등으로 조망해 볼 때 제2의 변환된 자아가 신성하게 자태를 드러낸다. 강이 떠난 뒷자리는 새 봄의 움이 돋는다. 시 속에서 시인은 미련과 애증을 떠나보내고 새로이 승화된 자아가 된다.

꽃샘추위의
미련이 머무는 사월 뜨락
기다림에 지쳐
오지 않는 봄을 찾아
지난겨울에 떠나신 아버지가
진달래 피는 산을 넘어
다시 오실 것 같아
지지 않는
간절한 그리움은

목련으로 피어
어두운 하늘에 하얀
불을 밝혀 두었다

— 「목련으로 피다」 전문

목련, 어두운 하늘에 내건 하얀 등불…… 먼 곳을 떠나신 아버지의 귀가를 마중하는 등불이다. 아버지가 살아 돌아오시는 만큼이나 화들짝 기쁘게, 그런 심경으로 목련을 맞이한다. 봄, 진달래, 목련, 아버지는 기다림의 대상이며, 그리움 자체이며 내 고운 꿈 자락인 셈이다.

무언가에
나를 잡아끄는 것만큼
아픈 것도 어려운 것도 없었다
그 가을밤도
좁은 가슴에 담긴 일들이 버거워
천근 같은 무게의 마음으로 바다로 갔다
공허한 하늘엔 허연 달이 웃음을 흘리며 앞질러 갔고
풀벌레 노래마저 낙엽처럼 건조했다
어둠이 지배하는 밤하늘엔
나를 따르던 그 달이
붉은 얼굴로 하늘 가운데 고정되어 있었다
밤하늘의 붉은 동공처럼

어느 하나에 온통 마음이 달아오르고
그리하여 주체 못할 불덩이로 달구어진 마음은
밤이면 정처 없이 허공을 배회하다
뜨거운 마음의 독백을 어둠 속에 피웠을

가슴 뭉그러지게 아픈 선홍빛 눈물로 말라가는 사랑과
푸른 바다에 영혼을 빼겨버린
달의 상흔이 붉은 눈으로 울던 밤

버리지 못하는 내 뜨거운 희원을
그 사람은 모른다 하더라
사위어가는 초승달이 되어도 놓지 못하는 미련 투성이
달의 마음을 바다는 그저
모른 척 어둠 속에 눈을 감더라

—「그 가을밤 붉은 달」 전문

이 시 속에서도 애상적 시나리오를 엮는 한 소녀가 활원한 바다와 밤을 지향한다. 바다와 밤은 신비하고 모든 진리를 감추고 있어, 나약한 인간 신분에게는 모성성을 띤다. 이 시도 공 시인다운 시의 정조이다.
고독한 인생의 저 심층 심리 내부에서 굽이치던 엘레지를 읊어 낸다.
수많은 사연, 끝모를 애환, 무수한 번뇌의 조각조각을 다 몰아온 샛강들이 큰 바다의 가슴에 닿아 새로운 세상을 만드는 울력에 동참한다.

한 소녀는 밤과 바다를 생애의 귀착점으로 설정한다.
고독하고 쓸쓸하면 밤바다에 간다. 붉은 달은 향로를 밝히는 등불이다. 바다는 미지의 세계인 동시에 혼돈이나 부정적 정서를 포용하거나 묻어 버리는 이상태理想態의 세계인 것이다. '스스로 그러한 대로' 이며 '무위 자연' 이며 '허무와 무상' 도 솔깃 끼어든 동향적 이상향이다. 그리하여 섬세한 소녀적 시 심리는 큰 영靈인 바다에 들어가 경건한 원융圓融을 맞이한다.

공 시인의 시들은 대체로 애상적 정조를 띤다. 40대에 접어들어서도 소녀 적인 감성이 메마르지 않는다. '애상적' 이라는 점이 오히려 시의 결기를 북돋운다는 뜻이지, 부정적 역기능이 있다는 말은 결코 아니다. 낭만적 정서는 깊은 샘에서 샘물을 길어 올리는 두레박의 작은 물결 같아서 물무늬가 찰랑거리면서도 한 조각 푸른 하늘도 띄워 내는 생명수이다.
그리고 가만히 철학적 사유思惟도 시 속에서 눈빛을 낸다. 그리고 제일 바람직한 것은 사람의 정리가 맥맥이 굽이쳐서 인간학에 반향한다는 점이다.
나이가 더 나이테를 둘러도 감성은 더욱 싱싱하길 바란다.
시가 찬찬히 제 몫을 하고 있음에 칭송하며, 공 시인의 시는 앞으로 더욱 빛날 것이라고 확신한다.

공영주 시집
당신은 내 생의 봄이었네

인쇄 2015년 08월 24일
발행 2015년 08월 31일

지은이 공영주
발행인 서정환
펴낸곳 신아출판사
주소 전북 전주시 완산구 공북 1길 16(태평동)
전화 (063) 275-4000, 252-5633
팩스 (063) 274-3131
이메일 sina321@hanmail.net
출판등록 제465-1984-000004호
인쇄 · 제본 신아출판사

ISBN 979-11-5605-250-0 03810
값 10,000 원

「이 도서의 국립중앙도서관 출판예정도서목록(CIP)은 서지정보유통지원시스템 홈페이지(http://seoji.nl.go.kr)와 국가자료공동목록시스템(http://www.nl.go.kr/kolisnet)에서 이용하실 수 있습니다.(CIP제어번호: CIP2015022128)」

Printed in KOREA